Mary, Tome 2 :
51 Dans l'eau

Jean-Michel Boiteux

MARY

51

Dans l'eau

TOME 2

© 2021, Jean-Michel Boiteux

Édition : BoD – Books on Demand,
12/14 rond-point des Champs Élysées, 75008 Paris
Impression : BoD – Books on Demand, Norderstedt, Allemagne

ISBN : 9782322267330

Dépôt légal : juillet 2021

… À moi !

Dans mon pré en boule, je coule

Sommaire

L'écriture émoi et Moi et moi

L'écriture est une échappatoire qui me redonne gout à la vie en racontant mon histoire faite de défaites, de douleurs et de mélancolie. Si tout tombe à l'eau, est-ce peine perdue de vouloir continuer d'avancer ?

Je suis hanté par l'écriture
Pour quelle raison suis-je sur terre
Au devenir de l'homme

Amours d'enfer

Destroy

Dans ma bouche, dégout d'amour. Ma vie n'est qu'une poubelle où l'on trouve le meilleur de moi-même. Sauf mes souvenirs que je garde précieusement, afin de me remémorer les plus beaux instants, en essayant d'oublier les autres.

Écoute ma peinture
Poubelle ma vie

Mon adorée, (cf. Recueil Mary, tome 1 : 50 Ça se tente – « L'amour de ma vie ») que je croyais un amour éternel, je l'ai imaginée morte pour ne plus devoir souffrir, un peu à la manière de Freud quand il parlait de tuer symboliquement le père, et ainsi pouvoir grandir sans elle. J'ai fait le deuil de notre amour mais ma peine reste toujours vive. Alors je décide d'aller la rejoindre, et peut-être vivre heureux auprès d'elle dans l'au-delà.

Parole d'amour

La mort

Les bonnes choses
En Harley David song
Chao poteau
Aux larmes, hey, scélérat
On paye tous un jour l'addition
Mon cœur
C'est la vie
Petite mort
Oxymore
Ma faiseuse d'anges
Près de Prévert, comme son soleil immense et rouge
Comme les amants de Prévert

Après la mort, que reste-t-il de l'amour ?

Voyage intérieur

Souvenirs fantasmagoriques dans un rêve de renouveau.

Comme dans un voyage désorganisé
Mai et demi vient à mi-juin
Hymne à ma môme
Allongée dans l'air
Fanny
Caresser ton corps
Chaque jour je prie Dieu qu'elle revienne
De l'amour noir
En pleine nuit
Laissez-moi rêver

Conquêtes et re-con quéquette

J'implore à présent le bon Dieu pour faire renaitre mon amour comme il a ressuscité Jésus, car j'ai beau pêcher dans mes péripéties sexuelles, je ne le trouve plus. Rien y fait, à part dans mes rêves. Quand l'amour s'en va, la messe est dite.

Jésurrection
T'étais où ma belle
Ouvre-toi un peu
Chaque nuit
La pêche à la guigne
Mon saule et moi
Ma petite sirène
Ladies
La valse des aiguilles
Qui pleut le peu, pleut le mieux
L'amour

Seulitude écriture

En recherche de solitude et avec l'aide des esprits dont celui de maman, j'ai trouvé la quiétude auprès de mon saule et dans ma maison. Ici, je passe mes jours de repos à écrire ce qu'il me reste à vivre.

L'espace
Oh ma chère solitude
Comme un cheval fou
Maman
Maison à vendre
La vie est poésie

Fine

L'écriture et la musique pour seules guérisons. Un nouvel élan de positivité et toute ma gratitude à la vie au summum du bien-être à l'orée de mes 51 ans.

Aujourd'hui, je suis guéri
Vague à l'âme business
Poème 2
Positive attitude
Merci la vie
51

L'ÉCRITURE ÉMOI ET MOI ET MOI

JE SUIS HANTÉ PAR L'ÉCRITURE

La nouvelle nouvelle des auteurs
C'est trouver la feuille adéquate
Pour pouvoir apposer la peur
De la page vide qu'elle squatte

Sur ma bécane, aucune canne
Les mots s'emboitent, jamais ne boitent
Jamais bancals, jamais de panne
Chantent les phrases à deux-cents watts

Il pleut des mots dans mon cerveau
Ma tête absorbe autant qu'il pleut
Comme le chameau stockant son eau
Je bosse les bons, j'en fais des jeux

Je détourne mes plus belles ratures
À vous en faire péter les burnes
Sans faire dans la littérature
Pourquoi vous prendrais-je la lune

Je suis hanté par l'écriture
Bien sustenté tant elle m'agite
Je suis hanté par l'écriture
Quand l'écriture triture, m'habite

POUR QUELLE RAISON SUIS-JE SUR TERRE ?

Y en a qui naissent pour devenir aristos
Y en a qui naissent et finissent clodos
Y en a qui naissent pour n'être que des idiots
Moi dans tout ça, je nais, mais je n'ai rien
Je n'ai rien compris à cette vie de chien
Pour quoi, pour qui je passe ici en vain ?

Pour quelle raison suis-je sur Terre ?
Sorti du ventre de ma mère
J'arrive sans aucun repère
Pour repartir six pieds sous terre

Y en a qui passent sans même nous dire bonjour
Y en a qui passent sans même connaitre l'amour
Y en a qui passent même sans aller-retour
Moi dans tout ça, je nais, mais je n'ai que
Que de la poudre aux yeux semée des cieux
Pour quoi, pour qui, dites-moi pour quel dieu ?

Pour quelle raison suis-je sur Terre ?
Sorti du ventre de ma mère
J'arrive sans aucun repère
Pour repartir six pieds sous terre

C'est triste mais si ordinaire
Que ça commence à me plaire
On nous gave de savoir-faire
Mais pour quoi faire, pour quoi faire ?

Quel est le but de nos vies
Devenir riches et bandits ?
Alors vive l'économie
Nous irons droit au tapis

Pour quelle raison suis-je sur Terre ?
Sorti du ventre de ma mère
J'arrive sans aucun repère
Pour repartir six pieds sous terre

Y en a qui naissent pour devenir aristos
Y en a qui naissent et finissent comme Cloclo
Y en a qui naissent pour n'être que des salauds
Moi ici, je suis né, mais je n'ai pas
Je n'ai pas envie de finir comme ça
Pourtant j'aime la vie, je l'aime comme toi

AU DEVENIR DE L'HOMME

J'y ai bien pensé avant
Mais que vais-je faire après ?
Même si je sais à présent
Le futur est déjà prêt

Le destin peut-il changer ?
Aurais-je le mot de la fin ?
Ma vie sera-t-elle en danger
Si la mort me colle au train ?

Si j'ai quitté mon passé
C'est pour parfaire l'avenir
À présent dois-je y passer
Ou bien dois-je devenir ?

Devenir l'être du temps
Passé à ne savoir être
Que du vent, que du vent
Depuis que l'on m'a vu naitre

J'y pense depuis fort longtemps
J'y pense un peu plus souvent
J'ai des visions de printemps
Mais l'hiver gâche le levant

Au devenir de l'homme
Il ne lui reste en somme
La clé des champs fermés
Du cloaque guêpier
Faut prendre la tangente
Direction la bonne pente
Au devenir de l'homme
Ce qu'il lui reste en somme
Au son du métronome
Prier qu'on lui pardonne

Amours d'enfer

Destroy

ÉCOUTE MA PEINTURE

Écoute ma peinture
Comme elle chante mes ratures
Elle dégouline de bruits
Elle entache les ouïes

J'ai projeté mes idées
Sur une toile givrée
À grands boulets de noir
De rouge et de caviar

J'ai attendu la semaine
Attendu que ça prenne
Ça puait les œufs pourris
Mais mon ébauche a pris

Alors je l'ai sculptée
Et puis je l'ai ciselée
Au couteau, au scalpel
Au son des décibels

Pour finir l'aquarelle
J'en ai fait une poubelle
À présent elle crie
Au doux son de la pluie

Écoute ma peinture
Comme elle chante mes ratures
Elle dégouline de bruits
Elle entache les ouïes

Mais si tu crois au ciel
Au pays des merveilles
Soulève son chapeau
Au-dedans il fait beau

J'y ai mis toutes mes joies
Mon amour, mes émois
Ma tendresse, mes caresses
Et toutes mes faiblesses

POUBELLE MA VIE

La vie est faite de belles choses
Que l'on sublime de tant de roses
Et que l'on jette une fois fanées
Puisque l'on ne sait plus aimer

Puisqu'entre nous deux, tout s'oppose
J'explose et me métamorphose
L'amour une fois balayé
Je tire un trait sur le passé

Poubelle ma vie
Poubelle mon cœur
Toujours envie
D'une vie meilleure

Plus belle la vie
Vue sur le ciel
Que celle ici
Au septième ciel

Je l'admirais comme tout le monde
Je ne pouvais plus d'une seconde
De ses prunelles me détacher
J'ai fini par m'amouracher

Comme ces belles choses avec des roses
Que l'on adore une fois écloses
Puis que l'on jette une fois passées
Une fois fanées et dépassées

Poubelle ma vie
Poubelle mon cœur
Toujours envie
D'une vie meilleure

Plus belle la vie
Vue sur le ciel
Que celle ici
Au septième ciel

Puisqu'entre nous deux, tout s'oppose
Je sens venir l'overdose
Et pour ne pas mourir d'amour
Je m'en vais mourir notre amour

Parole d'amour

Quand nos atomes crochus s'accrochent
Aux doux arômes de nos nuits blanches
À notre amour sans anicroches
À nos p'tits croissants du dimanche

Souvent sous les gouttes du temps
Souvent saoul, poursuivant le vent
Seulement une goutte de temps
Tu es à moi pour longtemps

Parole d'amour mon amour
Je veux, je veux que tu me touches
J'veux sentir sur mon corps tes mains
Je veux, sur mes lèvres ta bouche
De nous deux qui sera l'plus malin
Pour jouer jusqu'au petit matin
Sentir ta langue sur mon cœur
Tendresse m'épouser le corps
Te voir gémir jusqu'à pas d'heure
Sentir frémir jusqu'à l'aurore
Ton corps sur moi, jusqu'à l'horreur

Jusqu'à l'horreur, te voir partir
Dans l'épais brouillard du matin
Sans même un mot doux à me dire
Sans même un geste ni un câlin

Où en est la fin, où j'en suis
Est-ce pour demain, pour demain ?
Je voulais t'aimer pour la vie
Mais la vie poursuit mon chemin

Jusqu'à l'horreur, te voir t'enfuir
Au matin blême de nos nuits blanches
Le noir l'emporte sur l'avenir
Le rouge sombre nos dimanches

Jusqu'à l'horreur, et pour toujours
Sans un adieu, sans au revoir
Sans paroles d'une histoire d'amour
Quelle prière pourrait-on croire ?

Parole d'amour mon amour
Je veux, je veux que tu me touches
J'veux sentir sur mon corps tes mains
Je veux, sur mes lèvres ta bouche
De nous deux qui sera l'plus malin
Pour jouer jusqu'au petit matin
Sentir ta langue sur mon cœur
Tendresse m'épouser le corps
Te voir gémir jusqu'à pas d'heure
Sentir frémir jusqu'à l'aurore
Ton corps sur moi, jusqu'à l'horreur

Jusqu'à l'horreur, fin de l'histoire
Le monde est contre, moi je suis pour
Plus de roses rouges, que des noires
Serais-je avec toi pour toujours ?

À tout à l'heure, mon bel amour
C'est ma prière pour te revoir
Oh parole d'amour mon amour
C'est ma prière, je viens te voir

La mort

LES BONNES CHOSES

Mes idées fleurissantes au fond de mes méninges
éclosent en pépites de pétales blanches et roses,
comme des lys délicieux cachés dans un jardin
périclitent à travers le prisme de mes proses.

Tous mes mots usités, mille fois ressassés,
déversent un peu plus d'opprobre sur le monde,
de paroles insalubres aussi bien qu'insensées,
maudissant ma venue, mon entrée dans la ronde.

Toutes les bonnes choses dans mes plus beaux écrits,
dans mes plus belles proses, s'opposent à la vie.
Toutes ces belles rimes, sur lesquelles je m'abime,
me renvoient en abyme à mon reflet intime.

Mes sentiments issus des méandres de l'âme,
voyageant en surface d'un filet d'eau salée,
vous offrent, hantés par le mal, mes pensées infâmes,
mes affres, mes douleurs dont vous vous abreuvez.

Pour ceux en quête d'aventures qui se désaltèrent
de bonnes choses, la fin justifie les moyens.
Donc, parlons-nous sans fard, consommez délétère !
Comme on le dit souvent, les bonnes choses ont une fin.

Donc, mesdames, messieurs, maudits soient ceux qui les lisent.

AH !

AH !

AH !

AH !

AH !

AH !

AH !

AH !

En Harley David song

Sur ma moto j'm'assieds
Sur la tôle j'prends la peine
Que j'me suis infligé
Avant que frêne me freine

Je tiens le plus beau rôle
C'est le seul arbre en plaine
Si vous trouvez ça drôle
Vous attiserez ma haine

Pas un chêne, pas un saule
Pas un gland, pas un pleur
Que samares qui me frôlent
Me cajolant des heures

En rigoles sur ma gueule
Elles s'amarrent de leur aile
Se marrent comme des cagoles
Et rigolent de plus belles

Sur ma moto assied
Sur la tôle l'âme en peine
Je suis si affligé
Alors, que frêne me prenne

À donf j'pars sur le gong
En Harley David song
Je fonce à 220
En Harley David song
Personne sur mon chemin
En Harley David song
J'veux franchir l'mur du son
D'la Harley David song
J'veux plus entendre person
Rien qu'Harley David song

Sur les chapeaux de roue
Je démarre mon bolide
Je veux risquer le tout
Même dans une fin sordide

Pour le tout comme un fou
En trombe je m'élance
Je mets la gomme debout
Une roue en fer de lance

J'suis complètement cuité
C'est mes boyaux que j'crache
J'manque un peu d'acuité
Je n'attends que le crash

Pour le bouquet final
Faut un bouc émissaire
Genre un bouquet floral
Dans un boucan d'enfer

Alors comme émissaire
Pas de bouc mais un frêne
Un arbre centenaire
Très fort pour qu'il me freine

À donf j'pars sur le gong
En Harley David song
Tel était mon destin
En Harley David song
J'préfère encore l'enfer
En Harley David song
Ça n'coute que l'paradis
En Harley David song
Et si j'peux plus en faire
Alors que j'sois maudit !

J'vibrais au son d'sa voix
J'ai demandé l'armistice
J'ai plié sous son poids
Rendu mon arme factice

Sous ma moto d'acier
Sous mon cuir l'âme en peine
Comme de la tôle froissée
Seul mon cœur brisé saigne

J'veux plus entendre personne
Même mon cœur qui raisonne
Dans sa cage j'l'emprisonne
Je n'suis là pour personne

J'crois qu'j'ai été bien lâche
Je n'suis pas si balaise
Faut vraiment que tu saches
Me voilà sur une chaise

En bolide électrique
Je fais à peine du vingt
J'me balade en musique
Je ne risque plus rien

J'suis parti sur le gong
En Harley David song
Tel était mon destin
En Harley David song
J'ai failli y rester
En Harley David song
Moi qui rêvais d'l'enfer
En Harley David song
J'suis resté sur la terre
En Harley David song

Mais il faut plus t'en faire
Car je n'peux plus en faire
J'reste à n'savoir quoi faire
Juste écouter me taire
Quand on passe cet air
Harley David song
Harley David song
Harley David song
Harley David song

J'suis retourné voir mon frêne
Lui qui n'a pas bougé
Lui qui connait ma peine
Pour lui avoir confiée

Il a compris mes maux
M'a couvert du plus beau
D'une pluie de cadeaux
Une pluie de langues d'oiseaux

Des samares qui me frôlent
Me cajolent des heures
Se marrent comme des cagoles
Et rigolent de ma gueule

Harley David song
Harley David song
Harley David song
Harley David song

Chao poteau

Pour être le premier
Il faut partir à point
Il est devenu premier
Ça a fait tout un foin

Sa moto s'est couchée
Contre un « Putain d'camion »
Disait gorge serrée
Renaud du trublion

C'était un gros farceur
C'était un comique né
« Cet homme avait un cœur
On ne voyait qu'son nez »
Disait Frédéric Dard

On en rigole encore
De ses frasques, de ses frusques
Mais on est tous d'accord
Que son départ nous frustre

Il nous manque c'est certain
On dit chapeau l'artiste
On est comme des pantins
L'clown a quitté la piste

C'était un gros farceur
C'était un comique né
« Cet homme avait un cœur
On ne voyait qu'son nez »

Mmm mmm mmm
Mmm mmm mmm
« Cet homme avait un cœur
On ne voyait qu'son nez »

Monté sur ta moto
T'as fait un d'ces potins
Alors chapeau poteau
Et puis « Chao Pantin »

Chapeau poteau, chapeau pantin
Chao poteau, chao pantin…

Aux larmes, hey, scélérat

Du poinçonneur des Lilas
Au fossoyeur de Pacy
On n't'oubliera pas p'tit gars
Ni les grands trous, ni les p'tits

Requiem pour un twister
Avant l'heure t'es parti
Tour de passe-passe farceur
Faire la nique à la vie

Tu as fui en douceur
Le 5 bis rue d'Verneuil
Victime d'une panne de cœur
Toute la France s'endeuille

Sous un parterre de fleurs
Du Montparnasse, plus d'son
Repose en paix chanteur
En première classe, n'fais plus l'con

Aux larmes, hey, scélérat
C'est la seule qui t'aille
Aucune orgue pour toi
Lors de tes funérailles
Seul résonne le glas
Marche droit vieille canaille

Noceur, à faire la bombe
En boite, t'es tombé
Te voilà dans la tombe
Tombeur, là t'as bombé

Il reste tes chansons
Et tous ces graffitis
Tagués sur ta maison
Évoquent tes mélodies

C'est un lieu de recueil
Pour nous les pèlerins
Venus rue de Verneuil
Apaiser notre chagrin

Tu disais d'tes gitanes
« Les Clous d'mon cercueil », ton
Clou du spectacle pour fans
Au ciel, fume-les, pauvre con !

Aux larmes, hey, scélérat
C'est la seule qui t'aille
En route pour l'au-delà
Nous te disons goodbye
Et puis prends garde à toi
Marche droit vieille canaille

Plein de larmes dans nos yeux
Le jour de tes obsèques
Tu as rejoint les cieux
Et faut qu'on fasse avec

As-tu vu le Seigneur ?
T'as vu Whitney Houston ?
Don't think you can fuck her
Faut qu't'arrêtes la déconne

Laisse-la reposer
Sinon, tu sais Drucker
Il va s'estomaquer
Et en faire un ulcère

Là-haut mets-tu l'enfer
En Harley Davidson ?
Quoi, t'es en train d'en faire ?
Non c'est vrai ? Tu déconnes ?

Aux larmes, hey, scélérat
C'est la seule qui t'aille
C'est l'paradis pour toi
Mais sans Vanessa, guy
Saint Pierre t'accueille déjà
Marche droit, vieille canaille

Peux-tu du septième ciel
Nous jouer une chanson
Un air, une ritournelle
Heureux qui aime pour un con

Aux larmes, hey, scélérat
Fallait pas qu'tu t'en ailles
Car tu nous manques déjà
Comment combler la faille
Nous restons ici-bas
À te pleurer canaille

Tu seras toujours là, sir
Dans nos têtes, dans nos cœurs
À rimer ne vous déplaise
Avec la javanaise

On paye tous un jour l'addition

Payer d'son sang-froid, sans effroi, et bien au chaud
J'ai les foies, parfois, d'faire le choix, mais j'fais le show
Car un jour faut se décider, et c'est comme ça
La vie passe sans toi si ça t'fait ni chaud, ni froid

Payer de sa sueur, de sueurs froides, ça, ça m'effraie
Ça m'glace le sang dans les veines, je suis au frais
Mon sang s'fige, en proie à la peur, là c'est critique
Il coagule en sang d'encre, c'est la peur panique

J'en paye le prix à ce jour
C'est la rançon de la peur
Comme Lalanne la vit un jour
« Sa maison du bonheur »
Moi c'est l'horreur, je savoure !

On paye tous un jour l'addition
Mais la maison n'fait pas crédit
Faut vivre sa vie de passion
C'est le patron qui me l'a dit

Ce n'est pas facile tous les jours
Avec Méphisto qui m'épie
Sauf si on y met de l'amour
On a tous le choix dans la vie

Payer d'son foie, d'son cœur, ces chiens, mais sans honneur
Sans foi ni loi, ce sont les rois, des monstres sans peur
Sanguinaires et sans âme qui font les cœurs de pierre
Des vampires si infâmes au fond de tortionnaire

Payer l'addition, à la caisse, et taxe comprise
Ils m'ont vidé à cent pour cent, et sans surprise
M'ont dit sans façon, c'est l'business et pas la manche
Et mis à feu, à sang pour s'en payer une tranche

J'en paye le prix, bah ma foi
C'est la rançon sans la bourse
Comme Johnny dit une fois
« Il faut boire à la source »
Combien de verres à la fois ?

On paye tous un jour l'addition
Mais la maison n'fait pas crédit
Faut vivre sa vie de passion
C'est le patron qui me l'a dit

Ce n'est pas facile tous les jours
Avec Méphisto qui m'épie
Sauf si on y met de l'amour
On a tous le choix dans la vie

Payer, sans quoi bien des fois, cent pleurs, le sang pleure
Le coup de sang, n'fait qu'un tour, à l'intérieur
Le sang en ébullition pétille dans tes veines
Le gout du sang, monte en toi, laisse tomber ta haine

Payer cent fois, à chaque fois, le prix du bonheur
Prier mille fois, d'toute sa foi, que vienne le Sauveur
À genoux devant la croix, l'espoir du divin
Pour qu'il te montre la voie, celle de son dessein

J'en paye le prix, c'est écrit
C'est la rançon de l'esprit
Comme Zazie parfois le dit
« C'est la vie, pas l'paradis »
La foi n'suffit pas ici

J'en paye le prix, mais très cher
C'est la rançon de l'hiver
Comme Gainsbourg l'a dit hier
« Paradis… c'est l'enfer »
J'ai le plaisir de ma chair

J'en paye le prix, c'est ainsi
C'est la rançon de mes bourses
Comme Johnny le chante aussi
« Il faut boire à la source
À la source de la vie »

On paye tous un jour l'addition
Mais la maison n'fait pas crédit
Faut vivre sa vie de passion
C'est le patron qui me l'a dit

Ce n'est pas facile tous les jours
Avec Méphisto qui m'épie
Sauf si on y met de l'amour
On a tous le choix dans la vie

Mais à quelle source faut-il boire
Si ma raison perd la mémoire ?
Sans amour et sans succès
Rien que le prix d'mes déboires
De boire à tous mes excès
À quelle source devrais-je boire ?

MON CŒUR

Je te quitte mon cœur
J'n'ai plus besoin de toi
Va-t'en donc voir ailleurs
Ailleurs s'il fait moins froid

J'te fais plus palpiter
Autant qu'avant c'est vrai
Mais les dés sont pipés
J'crois pas que j'survivrai

Je te quitte mon cœur
J'n'ai plus besoin de toi
Va-t'en donc voir ailleurs
Réchauffer un corps froid

J't'aime mon cœur, mais voilà
Je ne te mérite pas
Je t'aime, mais c'est comme ça
D'la chance, tu en auras
Avec un autre gars

Et puis si c'est une fille
Fais-y don d'mon amour
Pas d'amour d'pacotille
Mets d'la tendresse autour

Tu seras surement mieux
Dans le corps d'une fille
C'est bien plus affectueux
Moins d'chance que tu vacilles

Mais faut pas qu'tu t'affoles
D'une fille en bas résille
Même si tu en raffoles
Parce qu'elle t'émoustille

J't'aime mon cœur, mais voilà
Je ne te mérite pas
Je t'aime, mais c'est comme ça
D'la chance, tu en auras
Au creux d'une femme tout va

Faudra garder ton calme
Et puis ta bonne humeur
Au cœur d'un corps de femme
Il n'y a rien de meilleur

Mais si tu fais des crises
D'amour, quelquefois
Alors mon cœur maitrise
Et souviens-toi de moi

Et puis si t'aperçois
Des amis de passage
Ne leur dis pas qu'c'est moi
Il faut tourner la page

J't'aime mon cœur, mais voilà
Je ne te mérite pas
Je t'aime, mais c'est comme ça
La chance est avec toi
Souris-lui, tu l'auras

Il est temps que j'te quitte
Que je fasse don de toi
À quelqu'un qui l'mérite
Et qui aime la salsa

Il est temps que tu partes
Dans un autre que moi
Pour une autre partie d'cartes
Avec une âme en joie

Profite d'une autre danse
Dans un corps plus sympa
Une vie beaucoup plus dense
Et puis danse la salsa

J't'aime mon cœur, mais voilà
Je ne te mérite pas
Je t'aime, mais c'est comme ça
La chance est avec toi
Quand l'amour va tout va

Je joue mon vatout, las
Je mise tout sur toi

C'EST LA VIE

Si je n'ai pas assez profité de ma vie
Je ferais mon possible pour profiter de ma mort
J'ai bien essayé de combler quelques envies
Mais après les regrets, il me reste les remords

Les regrets, tu t'y fais
Mais les remords, tu t'en mords
Oui tu t'en mords les doigts
De ne rien avoir fait
Alors que t'aurais dû faire le bon choix

C'est la vie, la vie, la vie
La vie que je mène ici
C'est la vie, la vie, la vie
Mais la mort m'entraine aussi
Dans l'oubli

Je devrais me poser pour apaiser mes mots
Pour la bonne cause, prendre une pause dans mes propos
Faire des poèmes à l'eau de rose sans jeux de mots
Crier des « je t'aime » à saluer de son chapeau

Car l'amour, tu t'y fais
C'est tellement fort, que t'adores
Oui tu adores ta proie
Pour tout ce qu'elle te fait
Tu te délectes de ses émois

C'est la vie, la vie, la vie
La vie que je mène ici
C'est la vie, la vie, la vie
Mais la mort m'entraine aussi
Dans l'oubli

L'espoir fait vivre, mais vivre que d'espoir tue à petit feu
Si l'on souhaite voir nos espoirs se concrétiser rien qu'un peu
Il nous faudra souffler sur les braises pour attiser le feu
Alors, on brillera sous les feux de la rampe comme on peut
Même s'il faut y bruler dans un feu de paille, un feu de Dieu

PETITE MORT

Je voudrais une dernière fois
Avant d'atteindre le ciel
Avant l'ultime combat
Devant l'archange Gabriel
Qui dira : « Tu ne passes pas »

Je voudrais une dernière fois
Avant d'être condamné
Pour quelques actes maudits
Et certains autres manqués
À la porte du paradis

J'voudrais, j'voudrais
Mourir en toi, mourir en toi
Juste une dernière fois
Mourir en toi

Rien qu'une petite mort
En attendant mon sort
J'voudrais, oui j'voudrais
Vivre ça une dernière fois

Je voudrais une dernière fois
Avant de suer en enfer
Avant que l'on ne me renvoie
Qu'on me laisse à Lucifer
Qu'on me laisse bruler là-bas

Je voudrais une dernière fois
Avant qu'un vent te soupire
Qu'un autre prenne ma place
Qu'un autre puisse te faire rire
Avant que tu me remplaces

J'voudrais, j'voudrais
Mourir en toi, mourir en toi
Juste une dernière fois
Mourir en toi

Rien qu'une petite mort
En attendant mon sort
J'voudrais, oui j'voudrais
Vivre ça une dernière fois

OXYMORE

Cet homme occis, mort
Mais toujours vivant,
C'est un mort-vivant
Mais quel paradoxe !
C'est un oxymore,
Pareil à ceux qui le contrèrent,
Ses opposants,
Différents de leurs semblables.

C'est quand même contradictoire tout ça !
Vous ne trouvez pas ?

Ma faiseuse d'anges

J'aurais pu devenir un ange
Mais sauvé par le destin
Je tends sur ma main mon cœur

J'aurais tutoyé l'archange
Gabriel et son dessein
L'œuvre du grand créateur

N'aurais-je pas été bon ange
Gardien des pensées du bien
Un don céleste salvateur ?

J'aurais pu donner le change
À tous ceux dont le divin
N'a pas pu ouvrir son cœur

J'aurais écouté les louanges
Nous célébrer, nous, les saints
Ils auraient repris en chœurs

J'aurais pu naitre, un ange
À la porte du paradis,
Je suis le fruit du mélange
Pour qui la chance a souri

J'ai connu une faiseuse d'ange
Tricotant le ventre plein
D'aiguilles pourpres côté cœur

Tout ce linge sale qu'elle essange
C'est un peu de moi défunt
Sans devenir mes frères ou sœurs

Âmes sœurs couvertes de langes
Les petits anges sont divins
Partis aux cieux sans un pleur

Comme deux petites mésanges
Envolés les chérubins
Emportés loin de nos cœurs

J'entends quelquefois les louanges
Des chantres qui aux lutrins
Reprennent le refrain en chœur

Je suis produit des vendanges
Puisque j'ai reçu la vie
J'aurais choisi la vie d'ange
Si Dieu me l'avait permis

Je nie la couvrir de fange
Pour le geste de ses mains
Je ne juge pas le malheur

Car nous sommes de la même branche
Et même si c'est inhumain
Ne suis-je pas exempt d'erreur ?

Oh, je ne suis pas un ange
Sans vous broder un dessin
Tel père, tel fils arroseur

Comment dire, ma mémoire flanche
Si vous parlez du destin
Qui revient en géniteurs

Aujourd'hui, les coudées franches
La pilule du lendemain
Est là dès les premières heures

J'aurais pu naitre, un ange
À la porte du paradis,
Je suis le fruit du mélange
Pour qui la chance a souri

Toc, la porte du paradis
« Maman, demande à l'archange
De m'ouvrir le paradis

Voulant faire de moi un ange
Tu n'as fait qu'un homme aigri
Alors, demande à l'archange

Personne n'ouvre, je suis maudit
Maman, je veux être un ange
Pour te voir au paradis »

Je suis produit des vendanges
Puisque j'ai reçu la vie
J'aurais choisi la vie d'ange
Si Dieu me l'avait permis

Je n'ai plus rien à vous dire
Seulement, je dois vous quitter
Car le temps est avorté

Je n'ai plus rien à vous dire
Juste faire le saut de l'ange
Pour qu'un ange passe me chercher

Je n'ai plus rien à vous dire
C'est peu dire, je ris aux anges
De voir maman me sourire

Je pense vous avoir tout dit
Las je m'endors comme un ange
À la porte du paradis

PRÈS DE PRÉVERT
COMME SON SOLEIL IMMENSE ET ROUGE

Comme lui mon cœur a disparu
Et tout mon sang s'en est allé
S'en est allé car il n'est plus
Plus à Paris que j'ai quitté
Dans un pari qui m'a perdu

Comme lui mon sang s'en est allé
S'en étaler, sang d'encre partout
Juste un moment, m'en suis allé
Bon sang de mauvais sang, dessus-dessous
Au pis-aller m'en suis allé

Comme son soleil immense et rouge
Comme lui mon cœur a disparu
Comme lui mon sang s'en est allé

Je suis allé frôler l'hiver
Rechercher mon amour perdu
Ma beauté des sens, sanguinaire
À ciel ouvert vers l'inconnu
Tout près de ce joli pré vert

S'enfuit le temps, s'ensuivent les vers
S'ensuit le vent de bienvenue
M'enfuis vers d'autres, et d'autres hivers
S'ensuit le vent des convenus
S'enfuit le temps, tant solitaire

Comme son soleil immense et rouge
Je suis allé frôler l'hiver
S'enfuit le temps, s'ensuivent les vers

À présent, j'en suis revenu
J'ai fait le chemin à l'envers
Mais je n'ai pu rien faire de plus
D'après Prévert, que quelques vers
À peu près verts, et quoi de plus ?
Vous remercier Monsieur Jacques Prévert

Comme les amants de Prévert

J'ai pris mon pied à taire
Les sons de l'univers
Quand j'ai mis pied à terre
Dans la chanson de Prévert

Dicté de courant d'r
Laissant rimer les vers
Quel enfer ! Manque pas d'air
Pour en faire sur Prévert

Des rimes en pieds par paire
À l'endroit, à l'envers
Sans perdre mes repères
Une chanson sur Prévert

Comme les amants de Prévert
Non, je n'ai pas oublié
Qu'en amour il n'est rien à faire
Qu'à succomber, j'ai su tomber

Alors dans un éclair
Cette chanson sur Prévert
Je l'ai parée de clair
Je l'ai diaprée vert

C'est lui que je préfère
Lire vers après vers
Après avoir souffert
Et bu verre après verre

Bu ses mots à me taire
Et là j'ai découvert
C'est moi le narrataire
Je suis à découvert

Comme les amants de Prévert
Non, je n'ai pas oublié
Qu'en amour il n'est rien à faire
Qu'à succomber, j'ai su tomber

J'ai mis genou à terre
Quelques-uns solidaires
Parmi les prolétaires
Qui se font légendaires

M'ont sorti de l'hiver
Me tenant solitaire
Leur bon cœur m'a ouvert
L'esprit humanitaire

Béton armé de fer
Maintenant je persévère
L'éducation de fer
Vient de mon père sévère

Comme les amants de Prévert
Non, je n'ai pas oublié
Qu'en amour il n'est rien à faire
Qu'à succomber, j'ai su tomber

Sans la faire à l'envers
Cette chanson solaire
C'est bien sous vent couvert
Qu'on m'en a soufflé l'air

Je l'ai drapée de vers
En r pour vous mes chers
Amoureux de Prévert
Sans plaisirs de la chair

J'ai pris mon pied à plaire
Sans vous parler vulvaire
Voulant être exemplaire
Comme un soldat sous verre

Comme les amants de Prévert
Non, je n'ai pas oublié
Que dans ce petit pré vert
Non, personne n'a oublié
Là-haut danse le grand Prévert

Voyage intérieur

COMME DANS UN VOYAGE DÉSORGANISÉ

Comme dans un voyage désorganisé
Mes songes plongés dans l'océan sucré
Traversant les mers sur la pointe des pieds
Naviguant au bord des Champs-Élysées

Je survolerai le Mont Olympus
Et glisserai sur ses montagnes russes
Je ferai pousser des tonnes de salades
Au-dessus des geysers glacés d'Encelade

Comme dans un voyage désorganisé
Je gravirai l'étrange cheminée
Aux feux du dragon des grands lacs damnés
Pour insuffler un vent d'humanité

Sur l'ile bleue du ciel couvert de bip
J'irai seul rencontrer le $3^{\text{ème}}$ type
Ensemble, on ira nager dans le sable
Sans les petits hommes vert-de-gris du diable

Comme dans un voyage désorganisé
Sous les draps d'une princesse aux doigts de fée
Qui, de caresses en guise de comprimés
Me soignera de mes maux du passé

Je m'éveillerai blanchi par l'aurore
Pour redécouvrir la magie des corps
Je reprendrai pied en filant le temps
La vie me donnera enfin le beau temps

Mon retour pourra-t-il s'organiser
Bien mieux que tout ce que l'on peut rêver ?

MAI ET DEMI VIENT À MI-JUIN

Mets et demi vaut demi-joint
Mais deux demis valent bien un joint
L'utile à l'agréable tu joins
Quand ton amie est à mi-chemin

Tu fais bien ce qu'il te plait
Tant que court le mois de mai
Mais tu seras déjà plein
Quand arrivera mi-juin
Mai et demi vient à mi-juin

Mais, à mi-juin, vois-tu qui court ?
À demi-jour se pointe l'amour
Quand d'yeux mi-clos voient si flou
Ton cœur se débat comme un pouls

À mi-câlin, l'amie câline
Se grille un joint, c'est pas l'usine
C'est pas une sainte, sans être un saint
Quand ses seins se dessinent divins

Tu fais bien ce qu'il te plait
Tant que court le mois de mai
Mais tu les tiendras fort bien
Ses seins, quand s'en ira juin
Mai et demi vient à mi-juin

S'enfuit alors le temps qui court
Et juillet s'en fout, de beaux jours
Il emmène juin jusqu'au mois d'aout
Tout ce qui dure, n'est pas si doux

Mai et demi vient à mi-juin
Te cueillir au petit matin
Mais quand juillet nait devant toi
Il t'envole juste devant moi

Tu fais bien ce qu'il te plait
Tant que court le mois de mai
Mais si juin te prend la main
Quand de l'autre tu touches un sein
Juillet s'en vient et aout se peint
Ou se dépeint

Hymne à ma môme

Dans la foule je l'ai perdue
Et les trois cloches ont sonné
Une vision m'est apparue
Mon Dieu m'a illuminé

Soudain je l'ai reconnue
Me faisant tourner la tête
Comme le ferait une inconnue
Sur ce bel air de musette

Qui tourne, tourne dans ma tête

Peu m'importe qu'elle soit brune
Quand bien même elle serait blonde
Sous l'emprise de la lune
Ou bien même un peu ronde

Dans la foule elle est passée
Comme une vague sur mon cœur
Puis elle m'a fait chavirer
En arrivant à ma hauteur

Sur mes lèvres elle a posé
Avant que je ne comprenne
La fièvre dans un baiser
Et cette rengaine que je traine

Qui tourne, tourne et qui m'entraine

Peu m'importe qu'elle soit brune
Quand bien même elle serait blonde
Sous l'emprise de la lune
Ou bien même un peu ronde

Mais où est-elle donc passée
J'aimerais encore qu'elle m'en donne
Qu'elle vienne encore m'embrasser
Mais la chance m'abandonne

Dans la foule elle est passée
Comme est passé mon bonheur
Dans ma tête elle m'a laissé
Ces petites notes de rancœur

Qui tourne, tourne dans mon cœur

Peu m'importe qu'elle soit brune
Quand bien même elle serait blonde
Sous l'emprise de la lune
Ou bien même un peu ronde

Ma môme sera la plus heureuse
Je lui ferai faire le tour du monde
Lalalalala
Ma môme sera la plus joyeuse
De toutes les girondes

Ma môme sera la plus heureuse
Même quand le tonnerre gronde
Lalalalala
Ma môme sera la plus joyeuse
Sans tous les joyaux du monde

Comme ça je l'ai reconnue
Mélodie que l'on fredonne
Comme sifflait cette inconnue
Ce bel air d'accordéone

Qui tourne, tourne, tourbillonne

Peu m'importe qu'elle soit brune
Quand bien même elle serait blonde
Sous l'emprise de la lune
Ou bien même un peu ronde

Ma môme sera la plus heureuse
Je lui ferai faire le tour du monde
Lalalalala
Ma môme sera la plus joyeuse
De toutes les girondes

Ma môme sera la plus heureuse
Même quand le tonnerre gronde
Lalalalala
Ma môme sera la plus joyeuse
Sans tous les joyaux du monde

Peu m'importe qu'elle soit rousse
Blonde ou brune j'aime à croire
Qu'elle sera fine et si douce
Pas seulement belle-à-voir

Allongée dans l'air

Elle a l'aine douce et l'haleine fraiche
Le visage pâle, mine aurifère
Belle de l'Aisne à peau de pêche
Sous un soleil minoritaire

Idées échappées du grenier
Par son humour coquin en vers
Quelques mots cachés déplacés
Pour ses amours épistolaires

Cueillant ses pensées, l'axonaise
Écrit sur son lit des poèmes
Couchée sur le ventre à son aise
Toucher digital comme elle aime

Allongée dans l'air, suspendue
Au rythme du temps perdu
Aux spasmes du délice
Une caresse sur son calice

Vagues de malice sur sa peau lisse
Sur le mont du pubis nu glisse
Sur ses seins, ses fesses menues
Un zeste de vice à sa vertu

Par ses métaphores chimériques
Elle emplume des nues et des pensées
En anaphores allégoriques
Elle en plume des nuées de pensées

Les colporte de façon mystique
À travers ses mots sulfureux
À des cloportes neurasthéniques
Aux travers obscènes et scabreux

Afin qu'ils trompent leur ennui
Les poussant dans d'autres univers
Afin qu'ils trempent leur envie
Dans l'univers sexe, à l'envers

Allongée dans l'air, suspendue
Aux spasmes du délice
Perd doucement le rythme, tendue
Les vagues s'effacent et glissent
Sur un air de sous-entendu

FANNY

Dans notre « Voie Lactée »
Dans ton jardin d'Éden
Je crois te voir l'été
Cueillir tes cyclamens
Cultivant tes pensées

Tes pensées folles de moi, amen

Puisque je te donne mon âme, mon amour
Puisque je me donne à toi pour tout, pour toujours
Parce que de toi je suis fan, mais Fanny
Parce que sans toi j'suis fané Fanny
J'suis fané, j'suis vanné
J'suis sans âme, sans amie

Sous cette voute céleste
Je m'y perdrai toujours
Le pire que je déteste
T'avoir perdu un jour
Bien plus que tout le reste

Reste près de moi pour toujours

Puisque je te donne mon âme, mon amour
Puisque je me donne à toi pour tout, pour toujours
Parce que de toi je suis fan, mais Fanny
Parce que sans toi j'suis fané Fanny
J'suis fané, j'suis vanné
J'suis sans âme, sans amie

J'n'ai que toi à aimer
J'n'ai que toi à chérir
Pour toute l'éternité
Au moins j'ai de l'avenir
Si tu veux y gouter

Goutte à goutte sans perdre ton sourire

Puisque je te donne mon âme, mon amour
Puisque je me donne à toi pour tout, pour toujours
Parce que de toi je suis fan, mais Fanny
Parce que sans toi j'suis fané Fanny
J'suis fané, j'suis vanné
J'suis sans âme, sans amie

Où que j'aille, tu jaillis
Vient de là ma faiblesse
Oh la faille, j'ai failli
Te perdre de justesse
Mais je n'suis pas fanny

Fanny, je te gagne, le success

Hey, je t'en prie Fanny
Si tu dis « c'est fini »
Prends pas ma vie d'ici
Fini le paradis

Prends donc la vie ailleurs
Laisse-moi le plaisir
De gouter aux saveurs
De me laisser punir
À vivre mes malheurs

CARESSER TON CORPS

Déjà quelques mois
Que je n'te vois plus
Les gens près de moi
N'y croient même plus

Si tu reviendras ?
Bien sûr, c'est écrit
Un jour dans mes bras
Nous serons réunis

Le temps à l'orage
Est déjà passé
Manque le courage
Pour oser t'aimer

J'aimerais caresser ton corps
Caresser ton corps
Tes seins alourdis et tes boucles d'or
Caresser ton corps, caresser ton corps
Ton ventre arrondi, ton triangle d'or
Caresser, caresser ton corps
Redécouvrir peu à peu tous tes trésors

Mon désir grandit
Plus fort chaque jour
Mon p'tit doigt me dit
Ce sera pour toujours

J'en soulèverais
Pour toi des montagnes
Je me grandirais
Si t'es ma compagne

Je vous porterais
Seul à bout de bras
Sans aucun secret
« Je t'aime tu vois »

Je l'aime déjà
Il serait mon cadeau
Je vous aime tu vois
Toi et mon Pierrot

J'aimerais caresser ton corps
Caresser ton corps
Partir encore pour une chasse aux trésors
Caresser ton corps, caresser ton corps
Ton ventre arrondi, ton triangle d'or
Caresser, caresser ton corps
Me poser un peu, si tu es d'accord...
... Sur mon ile aux trésors

Chaque jour je prie Dieu qu'elle revienne

Chaque jour je priais Dieu qu'elle soit belle
Le regard plein de désir sensuel
Qu'elle me tombe du ciel sur le dos
Pour la prendre comme on prend un cadeau

Elle m'est tombée dessus un dimanche
Comme une pomme tombée de sa branche
Je n'ai pas su lui parler d'amour
Peut-être la reverrais-je un jour

Chaque jour je prie Dieu qu'elle revienne
Chaque jour je prie Dieu qu'elle soit mienne
Pour qu'elle ne se fasse plus la belle
Chaque jour je ne prie que pour elle

Puis un jour elle est venue à moi
D'un air nonchalant me laissant froid
Elle dit comme ça « Viens te réchauffer »
Alors dans sa chambre on est allé

Et j'ai mis mes dix doigts sur ses hanches
Puis sur son lit j'ai pris ma revanche
Quand elle s'est rhabillée sans rien dire
J'ai pensé mieux vaut ne pas l'ouvrir

Chaque jour je prie Dieu qu'elle revienne
Chaque jour je prie Dieu qu'elle soit mienne
Pour qu'elle ne se fasse plus la belle
Chaque jour je ne prie que pour elle

J'ai le souvenir d'une belle image
Son sourire inonde son visage
Quel éclat de rire, je me souviens
Je me sens un éternel gamin

Oh, aujourd'hui elle habite ici
Oui, avec ses enfants, son mari
Oh, aujourd'hui elle habite ici
Oui c'est nos enfants chéris

Chaque jour je priais Dieu qu'elle revienne
Chaque jour je priais Dieu qu'elle soit mienne
Pour qu'elle ne se fasse plus la belle
Mon Dieu je te prie rien que pour elle

DE L'AMOUR NOIR

Certains noirs veulent devenir blancs
Certains blancs veulent être noirs
À l'extérieur je suis blanc
Dans mon cœur c'est blanc et noir

Dans ma tête c'est l'arc-en-ciel
Je vois en multicolore
Je brille par ton soleil
Ta lumière est mon décor

C'est « White and black blues » de Gainsbourg
« Deux noires pour une blanche dans le tempo »
Comme Lavilliers nous joue toujours
Afin de parler du ghetto

Chante la couleur sonore du jazz
Pour te redonner de l'espoir
Danse avec moi même si ça jase
Que j'appelle ça de l'amour noir

Je ne suis pas daltonien
Mais dalmatien dans mon cœur
En moi le monde… y voit rien
Je ne pense qu'à ton bonheur

Notre couple domino
Toi et moi c'est l'avenir
Beau mélange pour bambinos
Le meilleur reste à venir

Comme ce môme « couleur de l'amour »
Dit Perret de « Lily, Blanche-neige »
Ou « Couleur café » de Gainsbourg
Qui après une nuit blanche émerge

Chante la couleur sonore du jazz
Pour te redonner de l'espoir
Danse avec moi même si ça jase
Que j'appelle ça de l'amour noir

Notre couleur de peau s'oppose
Mais reste idem dans mon cœur
La porte de l'Éden close
Serons-nous encore meilleurs ?

C'est « le manque de pot » tous les soirs
Pour Nougaro qui chante du jazz
Qui « d'Armstrong ne peut chanter l'espoir »
Car en dedans il se sent nase

Chante la couleur sonore du jazz
Pour te redonner de l'espoir
Danse avec moi même si ça jase
Que j'appelle ça de l'amour noir

Quant à Ferrer « à New Orleans
Il voudrait y chanter le soir »
Mais il ne se trouve pas bonne mine
Alors « il voudrait être noir »

Chante la couleur sonore du jazz
Pour te redonner de l'espoir
Danse avec moi même si ça jase
Que j'appelle ça de l'amour noir

En pleine nuit

En pleine nuit
Sous la lune ronde
Me vient l'envie
D'une bonne blonde
Et je m'inonde

Un rien m'enivre
Et me manœuvre
J'envie de vivre
Toutes les épreuves
Quand je m'abreuve

En pleine nuit
En pleine lune
Je trompe l'ennui
Avec ma brune
Et je l'enfume

Les souvenirs rongent
Mon cœur s'épanche
Nos corps épongent
Sans être étanches
À nos échanges

En pleine nuit
En plein sommeil
Je prends aussi
De la bouteille
Mes amours veillent

Je me dévoile
En cette nuit
Une pluie d'étoiles
Trompe mon ennui
Et je revis

LAISSEZ-MOI RÊVER

J'ai dû m'lever, j'avais une crampe
Du coup, mon rêve s'est dissipé
J'avais l'image entre mes tempes
De pamplemousses épluchés

Mais l'bout de ma langue a fourché
Et les pamplemousses bien gonflés
Ont explosé devant mon nez
C'est là que j'me suis réveillé

Et j'eus un flou, un flou buccal
Comme souvent quand l'soleil se lève
Car à mon réveil si brutal
Au bout de ma langue pschitt le rêve

Laissez-moi rêver
Le sommeil est créateur
Paroles, paroles d'auteur
Laissez-moi rêver
J'suis un éternel rêveur
Je suis le Schtroumpf dormeur
Je ne rêve que de bonheur

Mon lit c'est mon outil d'travail
J'y fais des rêves hauts en couleur
Ils sont mes plus belles trouvailles
Récoltés dans les champs de fleurs

C'est des pensées sans dépenser
Des marguerites sans Marguerite
Et puis des roses mais arrosées
D'un peu de « black and white spirit »

Laissez-moi rêver
Le sommeil est créateur
Paroles, paroles d'auteur
Laissez-moi rêver
J'suis un éternel rêveur
Je suis le Schtroumpf dormeur
Je ne rêve que de bonheur

Le bout de ma langue fait une trêve
Après le réveil matinal
Adieu mes songes, adieu mes rêves
Ils font la grève subliminale

Conquêtes et re-con quéquette

JÉSURRECTION

Mais qui rallumera son cœur
Afin de réchauffer son âme ?
Oh dites-le lui de bon cœur
Pour ressusciter sa flamme

On a besoin de sa chaleur
Et de sa bonté surhumaine
Pour nous redonner du bonheur
Et soulager nos plus belles peines

Qui peut souffler tant de bougies
Sans savoir les travers des hommes
Sans lire entre les lignes de vie
Sans lui nous ne sommes rien en somme

On a besoin de sa chaleur
Et de sa bonté surhumaine
Pour nous tenir de l'intérieur
L'espoir que son âme nous revienne

Mais l'automne a perdu ma foi
Dans un coma profond, dit-on
L'hiver s'est blotti contre moi
Et mes traits riment de mes tréfonds

Comme j'ai besoin de sa chaleur
Et de sa bonté surhumaine
Je lui ai confié sans pudeur
Mes affres, mes maux et ma haine

Mais qu'ai-je fait au vent mauvais ?
Est-ce des « bien fait » dont je me targue ?
Car de là-haut comme un couperet
Ta loi divine tombe et me nargue

Cet être a besoin de chaleur
Et de toute la beauté humaine
Je t'en conjure prends donc mon cœur
C'est ma prière quoi qu'il advienne

À quoi bon fustiger ainsi
Une âme perdue parmi les autres
Ça ne vaut pas la mort d'une vie
Qui prônait l'amour, entre autres

T'ÉTAIS OÙ MA BELLE ?

J'ai fait la cour à des sorcières
Des toiles d'araignées dans l'derrière
J'ai fait l'amour à des panthères
C'est quand même mieux que d'faire la guerre

Dans mon lit j'ai mis des p'tits culs
Puis réchauffé par des gros culs
J'ai pris mon pied aux trous qui pue
Au septième ciel tout l'monde s'est tu

T'étais où ma belle, t'étais où
Quand je me noyais dans ces trous
Je n'ai pas su te conquérir
Ni assurer ton avenir
T'étais où ma belle, t'étais où
Quand je m'enlisais dans ces trous
Quand j'enterrais ma hache de guerre
Vaincu par vingt culs solidaires

La tête des blondes, des brunes, des rondes
J'me souviens de toutes ces girondes
Comme de la plus belle fille du monde
J'me souviens même des plus immondes

J'ai bien tâté de jolies fesses
De cette multitude de gonzesses
Mais toi ma charmante princesse
Je n'ai su te faire ma déesse

OUVRE-TOI UN PEU

J'prends ma plume pour t'écrire un mot
Pour te dire « Je n'ai plus le feu »
Pour ma plume ouvre-toi un peu
Que je glisse au fond tous mes maux

J'écris mon mal c'est pour mon bien
Quoi de plus normal pour un chien
J'écris mon mal pour témoigner
Je suis un mâle bien mal soigné
Qui s'fait la malle pour s'éloigner
Je fuis mon mal bien empoigné
À m'faire du bien, mais est-ce malsain ?
Y a pas d'mal à s'faire du bien

J'écris pour mieux dire tout le mal
De toi au fond de mon bocal
J'ai ma tête qui chante à tue-tête
Mais ce n'est pas du tout la fête
J'aimerais dénouer ce casse-tête
Mais tu t'entêtes insatisfaite
Tu veux le bien à mon moral
Mais tu n'fais rien et ça m'fait mal

J'prends ma plume pour t'écrire un mot
Pour te dire « Je n'ai plus le feu »
Pour ma plume ouvre-toi un peu
Que je glisse au fond tous mes maux
Mais pour l'amour de qui tu veux

Même si nulle part ça nous mène
Ouvre-moi pour glisser ma peine
Ouvre-toi un peu nom de Dieu

J'écris mon mal c'est pour mon bien
Quoi de plus normal pour un chien
J'me fais du bien, mais est-ce malsain ?
Y a pas d'mal à s'faire du bien
J'écris pour mieux dire tout le mal
De toi au fond de mon bocal
Tu veux le bien à mon moral
Mais tu n'fais rien et ça m'fait mal

Mais pour l'amour de qui tu veux
Même si nulle part ça nous mène
Ouvre-moi pour glisser ma peine
Ouvre-toi un peu... nom de Dieu

Ton chien

Chaque nuit

Je suis à fleur de peau
Je suis imbibé d'alcool
Je cherche… mes mots
J'ai dans le cœur une peur
Un amour qui s'envole
Et qui brule… mes heures
Je voudrais tant mais ne peux
M'envoler, j'dégringole
J'aimerais tant savourer
Ce monde désinvolte

Mais voilà, je perds… la boussole

Chaque nuit j'meurs
Chaque nuit j'cours
Chaque nuit, dormeur, je discours
Chaque nuit j'aime
En rêve l'amour
Donne des ailes aux troubadours
Chaque nuit j'pars
Chaque nuit j'go
Yes i go back to Mexico
Chaque nuit j'l'aime
J'en rêve… d'amour
Comment lui dire… « Je… suis… pour »

Je suis à fleur de peau
Et je perds mon envol
Et ne trouve… mes mots
J'ai dans mon cœur une fleur
Une âme sœur qui s'affole
Court à cent… à l'heure
Je pourrais tant mais ne veux
L'envoler, j'déraisonne
J'n'oserais jamais l'avouer
Mais j'l'aime plus que personne

Voilà, j'perds encore… la boussole

Chaque nuit j'meurs
Chaque nuit j'cours
Chaque nuit j'aime
Chaque nuit j'pars
Chaque nuit j'go
Chaque nuit j'l'aime
J'en… rêve… d'a… mour
Je… suis… pour

LA PÊCHE À LA GUIGNE

À quoi bon affuter ses mots
Si t'as personne à qui les lire
Si tu ne trouves d'âmes à pécho
À qui raconter tes délires ?

J'ai joué à crache ou je t'étrangle
T'as joué d'la gratte toute la nuit
Alors qu'on pouvait jouer ensemble
À cricon-criquette dans ton lit

J'affute ma gaule pour un con
Ce con qui ne me dira pas
Qu'il a envie de moi, c'est con
Mais ça je ne le saurai pas

Nique heureux qui aime pour un con

Pas d'bol c'est la faute à la ligne
J'aurais pu y mettre les formes
Faut savoir lire entre les lignes
Mais je ne tiens pas trop la forme
Il faut quand même que je souligne
Elle a vraiment de jolies formes
C'est qu'elle prend bien soin de sa ligne
Et tant pis si j'suis pas conforme

Pas d'bol c'est la pêche à la guigne

Si je n'pêche que de la malchance
C'est qu'mon appât n'est pas le bon
Des tas d'histoires ratées d'avance
Quand d'autres pour ça ont un don

J'ai beau l'affuter nuit et jour
Je n'ai même pas pécho un thon
Ma verve n'est pas forte en amour
Ma gaule ne l'est pas plus en con

Depuis qu'j'l'affute sur les réseaux
Ça mord pas plus que sur la Seine
Pour vous dire combien j'ai du pot
Moi qui attendais une sirène

J'ai seulement pécho une migraine

À quoi bon affuter mes mots
Ça intéresse qui mes délires ?

MON SAULE ET MOI

Âme seule cherche âme sœur
Pour un peu de meilleur
En hameçonnant les cœurs
Est-ce que mord le bonheur ?

Qu'elle soit blonde ou bien brune
Laisser sa gaule tremper
Dans l'eau claire sous la Lune
Est-ce pécher sans pêcher ?

Je m'en vais voir pleurer mon saule
Peut-être vais-je planter ma gaule
Aurais-je l'envie de pleurer ?
Mon saule et moi sommes alliés
Mon seul émoi est d'y penser

Viser droit dans le mille
Centre de Lune touché
Pour tomber au poil pile
Faut avoir du doigté

La pêche était fructueuse
Une sirène brune
Une blonde visqueuse
Sous une rousse Lune

Je m'en vais faire pleurer ma gaule
Peut-être vais-je planter mon saule
Aura-t-il l'envie de pleurer ?
Ma gaule et moi sommes à lier
Quand mon saule jalouse mes pensées

Ma petite sirène

Avec ma canne à pêche
J'hameçonne les beaux poissons
Des jeunes mais pas des sèches
Pas des tonnes, pas des thons

Dans ma senne j'emprisonne
Des sirènes au dos fin
Avant que ne résonnent
Les sirènes du port sain

J'ai mis l'grappin sur une
J'l'ai prise dans mes filets
Telle fut son infortune
D'être sirène en filet

Si reine enfilée

Ses p'tits cris, d'elle, inquiète
M'faisaient mal à la tête
Ses petits cris perçunts
M'faisaient mal aux tympans
Ma petite sirène
N'était pas bien sereine

Alors d'une voix fluette
Elle dit comme ça toute conne
Comme si elle avait les mouettes
Que d'un coup je l'assomme

« -Soyez sympa pêcheur
Rejetez-moi à la mer
J'suis pas bonne frite au beurre
Ni aux frites pomme de terre

- Je pourrais bien à cru
Vous monter comme un fou
Mais ma faim s'est accrue
J'ai l'appétit d'un loup

Car j'ai faim de vous »

Ses p'tits cris, d'elle, inquiète
M'faisaient mal à la tête
Ses petits cris perçants
M'faisaient mal aux tympans
Ma petite sirène
N'était pas bien sereine

Sitôt crû, j'l'ai mangée
Arrosée d'un bon cru
Qui l'eût cru, en entrée
Crue entre crudités

Le souci, le sushi
M'a laissé dans l'gosier
En souvenir d'une nuit
Une arête bien placée

Elle m'a planté c'est bête
Comme pour me dire « Arrête ! »

Ses p'tits cris, d'elle, inquiète
N'résonnent plus dans ma tête
Ses petits cris perçants
M'font plus mal aux tympans
Est-elle maintenant sereine
Ma petite sirène ?

Depuis qu'elle m'a planté
J'ai perdu l'appétit
J'aimerais l'entendre crier
Encore toutes les nuits

Ses p'tits cris, d'elle, inquiète
M'faisaient mal à la tête
Ses petits cris perçants
M'faisaient mal aux tympans
Ma petite sirène
J'aimerais qu'elle revienne

Pour l'entendre crier
De bonheur pas de peur
Pour l'entendre crier
De jouissance dans la sueur

Ma petite sirène
Par orgueil j'ai péché
Alors viens dans ma scène
Jouer ma reine libérée

LADIES

Maquillées en Ladies
En glam' chic & make-up
Trop fardées, s'enlaidissent
Vision de Demak'up

Effeuiller fleurs de lys
Baiser sur leur coque' hot
Parfum de leur calice
Senteurs d'ils ça cocotte

Excitées des Poppys
Miaulez ! Pussy Riot
Yelp! Like pop psy's
Que j'ouïsse Pussy, why not ?

Caresser l'entrecuisse
Imberbe des pin-up
Afin que l'antre luise
Et assèche mes peanuts

Juste un doigt... de whisky
Léché de papilles' hot
Damnez-moi si je fuis
Douces-amères suçotes

LA VALSE DES AIGUILLES

Les heures passent comme des secondes
Les minutes ne sont plus
Les aiguilles font la ronde
Et dansent avec l'inconnue

C'est la valse des aiguilles
Qui tournent et battent la mesure
Comme les jambes de cette fille
Talons hauts, bas à couture

Mais dans ses bras les secondes
Filent filent à l'infini
Pendant que passe sur les ondes
Cette divine mélodie

Le temps passe ici-bas
Le temps défile et file
Effile la couture de ses bas
Alors timidement j'enfile
Sur un dialogue où l'on débat
Pour ne pas dire je me défile
Pour en finir le long des bas

Dans ces ébats, face à face
Se glisse entre les rouages
De cette horlogerie lasse
Un mouvement faisant ombrage

C'est la valse des aiguilles
Les flèches du cadran horaire
Comme les jambes de cette fille
Lianoïdes comme le lierre

C'est comme une plante vivace
Dans une végétation dense
Qui ne manquerait pas d'audace
Pour m'inviter à cette danse

Le temps passe ici-bas
Le temps défile et file
Effile la couture de ses bas
Alors timidement j'enfile
Sur un dialogue où l'on débat
Pour ne pas dire je me défile
Pour en finir le long des bas

Ce débat n'en finit pas
Je m'en sors d'une cabriole
Je m'en sors, ça finit par
Des ébats en cabrioles

Elle me colle, me fait frémir
De ses lèvres comme une limace
Ne pouvant mes mots sortir
De ma bouche qui jacasse

Des mots salauds, mots salaces
Elle, encore plus en osmose
Moi, encore en plus lovelace
Elle prend la pause, je dispose

Si bien qu'entre ses aiguilles
De ma langue je l'affole
Alors danse cette fille
Doucement prend son envol

Le temps passe ici-bas
Le temps défile et file
Et des bas, je me débats
Je m'enfuis, je me défile
Pour en finir ces longs ébats
Au fil du temps je me faufile
Le temps passe si vite ici-bas

Je glisse pour un bon moment
À travers les mailles du temps
Je replonge en solitude
Et retrouve mes habitudes

Qui submergent le temps qui passe
Me noient dans une plénitude
Puis je monte à la surface
Où je nage dans la quiétude

Et je me remets en chasse
À l'affut d'une donzelle
Avec qui rompre la glace
Dans ce mouvement perpétuel

C'est la valse des aiguilles
Qui tournent et battent la mesure
Comme les jambes de toutes les filles
Talons hauts, bas à couture

Le temps passe ici-bas
Le temps défile et file
Effile la couture de ces bas
Queue timidement s'enfile
Pour de longs et bons ébats
Mais au fil du temps me faufile
Le temps passe si vite ici-bas
Alors que valsent les filles
Comme la valse des aiguilles

Qui pleut le peu, pleut le mieux

Des amours, j'en ai manquées
De les aimer tellement fort
J'en ai perdu des années
À ne jouir que de leur corps

Si la vie m'avait donné
Sa vision au fond des yeux
Les aurais-je au moins aimées
Tellement vraiment, tellement mieux

Quand il pleut des maux d'amour
Je « pleus » tout ce que je peux
Qui pleut le peu, pleut toujours
Qui pleut le peu, pleut le mieux

Ma feuille de papier m'écoute
Elle me sent suer des pieds
Les vers se suivent, je goutte
Elle me goute à se saouler

Je pourrais rimer sans cesse
Les averses de mes blessures
Mais je perdrais les caresses
De ces belles créatures

Quand il pleut des maux d'amour
Je « pleus » tout ce que je peux
Qui pleut le peu, pleut toujours
Qui pleut le peu, pleut le mieux

Un quart d'heure américain
Pour une nuit de bonheur
Un demi-siècle plus loin
Il est où le bonheur ?

L'AMOUR

L'amour comme un brin de muguet
Qu'on cueille au joli mois de mai
Fera toujours ce qu'il te plait
Il n'y aura jamais de mais

L'amour comme un bouquet de roses
Sur lequel un baiser se pose
T'offrira sa plus belle fleur
Et d'une épine piquera ton cœur

L'amour comme un vieux métronome
Balance le rythme des hommes
Vers des poésies tropicales
Vers les sambas du carnaval

L'amour c'est doux comme le miel
Si tu lèches plus que l'essentiel
Mais si tu le gouttes d'un doigt
Il reste aussi dur que du bois

L'amour c'est comme le sortilège
De la pomme de Blanche-Neige
Plus tu la croques à pleines dents
Plus va et vient ta pomme d'Adam

L'amour c'est beau comme une nonne
Qui n'a jamais connu un homme
Qui est plus vierge que la Lune
Avant d'avoir foulé ses dunes

L'amour sur son chemin sinueux
Vous mène par le bout de la queue
Vous ne pouvez vous en passer
Quitte à y rester embourbé

L'amour c'est comme un ver de terre
Fragile un peu comme le verre
Et à l'endroit comme à l'envers
Avance et recule sans mystères

L'amour c'est comme une porcelaine
Ça casse à la plus petite beigne
Si tu recolles les morceaux
Les fissures glisseront sous ta peau

L'amour est un chemin étroit
Qui te met le cœur à l'endroit
Et te réchauffe quand il bat fort
Ou te renverse et puis te mord

L'amour c'est comme le bleu du ciel
Quand il se pare de noir ébène
Une petite brise et il se couvre
D'une fourrure grise que rien n'entrouvre

L'amour c'est comme une paire de claques
Et ça te fout la gueule en vrac
C'est un aller-retour sans retour
Un coup de cœur qui tourne court

L'amour est, s'il t'en reste encore,
Beaucoup plus grand qu'un alcool fort
Et plus prisant qu'une poudre au nez
Si tu ne veux plus le lâcher

L'amour sera toujours, toujours
Présent dans ta vie tous les jours
À toi d'ouvrir en grand ton cœur
Pour laisser entrer le bonheur

Seulitude écriture

L'ESPACE

Y en a qui rêvent d'ascenseur social
Moi je rêve d'ascenseur spatial
Pouvoir me projeter dans l'espace
En réel ne plus faire du surplace

Je voudrais sortir de la biomasse
Je voudrais m'élever de la masse
Pour fixer la terre décroissante
Et sentir les âmes grandissantes

Rien à faire le temps passe
Et je fais du surplace
Rien à faire de la terre
Je veux le système solaire

Découvrir l'univers
Dans un silence lunaire
Boire une bière que l'on brasse
Aux confins de l'espace

Au bras, la voie lactée
D'une somptueuse ouatée
M'emmène et m'enlace
Et le rêve m'embrasse

J'aimerais faire escale sur la lune
Alunir sur l'une de ses dunes
M'échapper de l'emprise terrestre
Me dire enfin « Je suis bien, je reste »

Et avant que Mars ne devienne
Terre promise où l'on s'aime et sème
J'aimerais y reposer en paix
Rayer mon ancienne vie d'un trait

Mon radeau va d'escale en escale
Au rythme d'une course mondiale
En attendant de me faire la malle
Je trace sur notre sphère glaciale

Ma place dans l'espace

OH MA CHÈRE SOLITUDE

Devrais-je refaire ma vie
J'ai décroché un instant
Plus le gout ni l'envie
Bien sûr, tout ça n'a qu'un temps

Des années à méditer
C'est autant de temps perdu
Éperdu d'amours quittées
Me faisant des films tordus

Pour reconstruire ma vie
J'irais à la campagne
Je bâtirais le nid
De ma future compagne

Oh ma chère solitude
Je devrais te laisser
À la tendre quiétude
De mes souvenirs passés

Je dois aller quérir
Le cœur d'une fille en fête
Celle qui pourrait guérir
En un mot, mes maux de tête

Trouverais-je sur les réseaux
L'âme sœur à combler d'amour
Chantant « Gigi l'amoroso »
D'une voix de velours

Du nid viendrait l'oiseau
À tête couronnée d'humour
Pour jouer dans les roseaux
À cachecache des troubadours

Oh ma chère solitude
Devrais-je te laisser
À la tendre quiétude
De mes souvenirs passés

Pour reconstruire ma vie
Irais-je à la campagne
Bâtirais-je le nid
De ma future compagne

À l'ombre d'un saule pleureur
Disant : « Ne pleure pas
Ta solitude est douceur
Et ne rêve que pour toi »

À l'ombre du saule pleureur
Lui confiant comme ça :
« Ma solitude est plusieurs
Quand elle rêve avec toi »

Oh ma chère solitude
Devrais-je te quitter
Cette question je l'élude
Love à perpétuité

COMME UN CHEVAL FOU

Je voudrais doubler le ciel
M'éteindre, fuir le soleil
Voguer vers d'autres étoiles
Un jour mettre les voiles

Je voudrais gravir les cieux
Grandir dans d'autres yeux
Traverser tout l'univers
M'échapper de la Terre

Mais l'attraction si forte
Qu'elle a sur moi l'emporte
Je reste prisonnier
Je suis hypnotisé

Je suis comme un cheval fou
Qui manquerait d'élan
Pour franchir le garde fou
Et se libérer des gens

Je connais la pesanteur
De ses bras, de son cœur
Qui me tiennent en orbite
Sa gravité m'invite

Je sais d'où vient ma faiblesse
Elle m'enlace de tendresse
Elle adoucit mes blessures
Toujours fraiches, toujours dures

Mais un jour j'en suis sûr
J'irai vaincre l'azur
De ses yeux protecteurs
Pour un autre meilleur

Je suis comme un cheval fou
Et si je prends mon temps
Pour franchir le garde fou
Pour me donner de l'élan
C'est que je l'aime tant
Maman

Maman

Quand j'écris, je vois tes mots
Une fois dits, ils se sont tus
La poésie guérit des maux
Parle-moi, je t'entends le sais-tu ?

Dans cette léthargie, je gis
Sur mon lit aussi, je gis
À l'écoute d'un phénomène
Qui me transporte, qui me mène
Là-haut vers toi au firmament
Alors pourquoi nous fuir maman

Bien sûr, je lis un peu maman
Je ne suis pas un érudit
Mais je connais les sentiments
Que décrivent les manuscrits

Dans cette mélancolie, je lis
Oh là aussi au lit, je lis
Je ne vois plus aucun problème
Car au fond je sais que tu m'aimes
Alors pourquoi au firmament
Ainsi veux-tu nous fuir maman

Parfois l'on chante à mes oreilles
Une petite comptine bretonne
Elle me chatouille et m'émerveille
Même sous la pluie, je la fredonne

Dans cette douce mélodie
J'entends souvent que tu me dis
« Sais-tu combien, moi, je vous aime »
Alors s'effacent tous mes problèmes
Si loin de toi, du firmament
Nous aussi, on t'aime maman

MAISON À VENDRE

C'est une maison seule en plaine
Vide d'essence sans paroles
Devrais-je lui confier ma peine ?
Mais ma raison la rendrait folle !

Cette maison me dit prends-moi
Si bien que je couche chez elle
Puis bercé par ses murs étroits
Je m'endors, je m'endors en elle

Chaleur du feu de cheminée
Je me sens bien même sans la couette
Elle se met à fumer, fumer
Comme lorsqu'on pompe une cigarette

Quand ses murs dansent la farandole
Qu'elle crache des sons sans paroles
J'écrase mes mots sous mes guiboles
Comme les mégots que l'on idole

Surtout, ne dites pas que je l'aime
Puisque ses murs ont des oreilles
Elle en voudrait tout un poème
À m'en faire perdre le sommeil

LA VIE EST POÉSIE

La vie n'est pas toujours grise
Elle n'est pas non plus bien rose
Oh, comment ça j'ironise ?
Elle est dure parfois si j'ose

La vie est certes cruelle
Mais prise comme une prose
Elle peut être oh, aussi belle
Qu'une belle-de-jour qu'on arrose

La vie est poésie
Toujours en harmonie
Quand rime au pied d'un vers
Un pied beau de travers
Le poème sent les pieds
C'est inné les pieds d'nez
On prend son pied sur terre
Moi j'le prends chez Prévert

La vie nous parait si courte
Mais le chemin est bien long
Tortueux, semé de doutes
Et qui sait où nous allons ?

La vie, la mort, à quel prix ?
Achèteriez-vous du son
Sans même entendre un bruit
Quel prix vaut cette chanson ?

La vie est poésie
Mais petit à petit
L'oiseau à découvert
Sans un nid pour l'hiver
Perd pied, c'n'est pas le pied
L'poète a l'nez bouché
Qui prend son pied sur terre ?
Moi, j'prends l'mien chez Prévert

FINE

Aujourd'hui, je suis guéri

Quand je pense à ma reine d'enfer
Que j'appelle ma « Queen Mary »
Échouée dans mes bras solitaires
Qui lui ont fait bien des soucis

Quand je pense à ma reine d'enfer
Qui ne croit plus au paradis
Elle a failli m'faire croiser l'fer
De c'putain d'Lucifer maudit

Non je ne peux plus la revoir
C'est du passé, c'est bien fini
Non je ne veux plus la revoir
Aujourd'hui, je suis guéri

J'étais charmeur en discothèque
Mais je n'étais pas un géant
J'étais au summum du burlesque
Le plus grotesque des amants

J'étais charmeur en discothèque
Je n'étais qu'un petit fripon
Et un branleur de cacahouètes
Ouais, un vrai coureur de jupons

Non je ne peux plus la revoir
C'est du passé, c'est bien fini
Non je ne veux plus la revoir
Aujourd'hui, je suis guéri

Quand je pense à ma reine d'enfer
Qui m'a fait connaitre « l'Amour »
Moi qui n'voulais jamais m'en faire
Ni me défaire de mes amours

Quand je pense à ma reine d'enfer
J'envie toutes celles et tous ceux
Dont le temps égraine l'ordinaire
De miel, de vins et de bons vœux

Non je ne peux plus la revoir
C'est du passé, c'est bien fini
Non je ne veux plus la revoir
Aujourd'hui, je suis guéri

Quand je pense à ma reine d'enfer
Que j'appelle ma « Queen Mary »
C'est elle aujourd'hui qui m'fait faire
Et qui m'fait dire que des conneries

Que le diable aujourd'hui m'emporte
Si je dois crucifier ma vie
Car j'ai trouvé une autre porte
Pour que l'au-delà m'oublie

Vague à l'âme business

Je chante sur un air pour te plaire
Une chanson triste, chanson d'avril
Même une ballade sur l'amer
Mais déchante si ça t'horripile

Ce que tu aimes, je te l'envoie
En jetant l'encre sur tes désirs
Ancrés au plus profond de toi
Et là ce n'est que du plaisir

Tu chavires quand c'est romantique
Tu flottes sur un vers orgastique
Je nage en plein bonheur, magique
Mais coule si pas cool ma musique

Je fais du vague à l'âme business
Sur mon vague fond de commerce
D'un flot de souvenirs vaguement
Je vogue sur tes sentiments

Mais si ton petit cœur s'abime
Sur tes rêves sublimés d'enfant
Je peux sombrer dans mes abymes
Ne ressurgir que dans mille ans

Mon vague à l'âme profond répond
À tous les bateaux bleus du port
En vagues à lames de fond siphon
Mais ai-je raison ou bien tort ?

Je fais du vague à l'âme business
Je surfe des rimes en averse
D'un flot de souvenirs vagues, mens
Et divague sur tes sentiments

POÈME (2)
(SUITE DE POÈME (1) : LE VERS SOLITAIRE)

Ce n'était qu'un vers solitaire
Qui a rongé mon cœur en deux
Il m'a mis la tête à l'envers
Est-il possible de faire mieux

J'avais dû prendre un somnifère
Il ne m'a pas causé de sueur
Je n'ai peut-être pas su m'y faire
Je manquais surement d'une âme sœur

Ce n'était rien qu'un petit vers
Qui m'a bouffé mon univers
Mais aujourd'hui, me suis vengé
Le temps de l'allonger

Ce n'était qu'un vers solitaire
Sorti dessous de mon chapeau
Dénué de toute atmosphère
Ni réfléchi de mon cerveau

J'avais dû prendre un somnifère
Une goutte, que sais-je, un tord-boyau
Je n'aurai pas dû prendre un verre
Ce soir-là au zinc du bistrot

Ce n'était rien qu'un petit verre
Qui m'a bouffé mon univers
Mais aujourd'hui je suis rangé
Je ne bois plus que du thé

Ce n'était qu'un vers solitaire
Un peu têtu mais pas ténia
Pas un ver des plus solidaires
Qui jamais ne te lâchera

J'aurais pu l'oublier toujours
Et passer à bien d'autres choses
Mais mon cœur s'enflammait d'amour
À la moindre petite prose

Ce n'était rien qu'un petit vers
Qui m'a bouffé mon univers
Mais aujourd'hui, me suis vengé
Le temps de l'allonger

Toi petit, toi, vers solitaire
Sauvé de justesse d'un revers
J'aimerais te dire : « Des comme toi
Il n'en existe pas »

POSITIVE ATTITUDE

Faut sortir des sentiers battus
Battre le fer quand il est chaud
Et ne jamais s'avouer vaincu
Si l'amour n'est pas au plus beau

Car on ne goute pas au bonheur
Si le cœur n'est pas à l'ouvrage
Faut ne rien faire à contrecœur
Et ne pas manquer de courage

Abattre un travail de titan
Mais rien qu'à la sueur de son front
Avancer à pas de géant
Si l'on veut gagner ses éperons

Faut être fier de ce qu'on a
Non, ne jamais courber le dos
Il ne faut pas baisser les bras
L'avenir appartient aux lève-tôt

Oui le travail c'est la santé
Avoir bon pied, bon œil, le pied
Avoir le cœur bien accroché
Sans s'endormir sur ses lauriers

À cœur vaillant rien d'impossible
Il faut toujours avoir un but
Et toujours le garder pour cible
Mais ccci n'est que le début

Pour donner un sens à sa vie
Sans avoir peur du ridicule
Faut faire le choix de ses envies
Ou l'on avance puis on recule

Alors comme Oscar Wilde disait
Il faut toujours viser la lune
Car même en cas d'échec
On atterrit dans les étoiles

Merci la vie

Oh merci pour ta bienveillance
Elle m'a souvent bien porté chance
Certains jours lors de mes absences
Où je manquais de clairvoyance

Lors de mes nuits de solitude
Quand mes amours, de lassitude
Se sont enfuies comme d'habitude
Trouver en d'autres la gratitude

Oh merci de m'avoir compris
Merci pour cette mélodie
Merci à toi, merci la vie
Merci pour cette maladie

Cette frénésie d'envie d'écrire
Cette boulimie de vouloir dire
Au monde entier, ce que souffrir
Souffrir d'amour n'est pas souffrir

C'est aimer un peu plus encore
Un être cher, un amour mort
D'une passion qui nous dévore
La chair, le cœur et le corps

Oh merci de m'avoir souri
Merci pour cette symphonie
Merci à toi, merci la vie
Merci de m'avoir siphonné

Les mots enfouis dans mon cerveau
Ces mots enflammés à propos
De tout et de rien, de propos
Dans le dessein du renouveau

Me faire saigner pour me vider
De tous mes maux, mais quelle idée
De m'apprendre à philosopher
Pour de nouveau savoir aimer

Et dire merci, merci la vie
Pour ce cadeau, pour cette envie
De vivre pleinement cette vie
De la chérir sans préavis
D'envol pour le paradis

Merci à toi, merci la vie

51

Comme un 51
51 dans l'eau
J'me sens bien à nouveau
J'ai trouvé du boulot

Comme à 51
Les nouvelles vont bon train
Je vais gagner mon pain
Pour voir venir demain

Un demi-siècle passé
Je n'ai pas trépassé
Je me suis dépassé
Le futur j'ai devancé

J'ai avancé tout seul
Quand on m'faisait la gueule
J'ai quand même eu du bol
J'ai passé des nuits folles

Un demi-siècle de plus
Vivrais-je encore ? Mon cul !
Quand vient la mort, tu sues
Réfléchis là-dessus

J'ai avancé l'horloge
Que m'importe les éloges
Le temps m'emporte hors loge
Le temps je m'en arroge

Comme à 51
Quand on y pense bien
Oh rien n'est aussi bien
Que bander le matin

Mais à 102 c'est sûr
Vous n'me verrez pas mûr
Un doublé, j'suis pas sûr
D'pouvoir être encore dur

Remerciements

Je remercie les personnes qui ont acheté le tome 1 et qui l'ont apprécié. J'espère que celui-ci vous a plu aussi. N'hésitez pas à m'envoyer votre ressenti sur l'adresse e-mail ci-dessous, et à le faire connaitre autour de vous.

Je remercie Anne-France Badoui pour son soutien dans ce projet.

Et puis je remercie encore une fois la vie pour ce qu'elle m'apporte de bon tous les jours.

À bientôt dans le prochain tome.

Vous pouvez me joindre à cette adresse :
Jean-mi-aube@hormail.fr